AF395215

ASSOCIATION FRANÇAISE

POUR

L'AVANCEMENT DES SCIENCES

CONGRÈS DE LA ROCHELLE

1882

PARIS

AU SECRÉTARIAT DE L'ASSOCIATION

4, rue Antoine-Dubois, 4.

(PLACE DE L'ÉCOLE-DE-MÉDECINE.)

ASSOCIATION FRANÇAISE

POUR L'AVANCEMENT DES SCIENCES

Congrès de la Rochelle. — 1882.

M. Henri HENROT

Professeur à l'École de médecine de Reims.

DES LÉSIONS ANATOMIQUES ET DE LA NATURE DU MYXŒDÈME

— *Séance du 26 août 1882* —

L'histoire clinique du myxœdème commence à se faire; les travaux de
Gull 1873, Ord 1877, Charcot 1880, Ridel Saillard 1881, ont jeté une

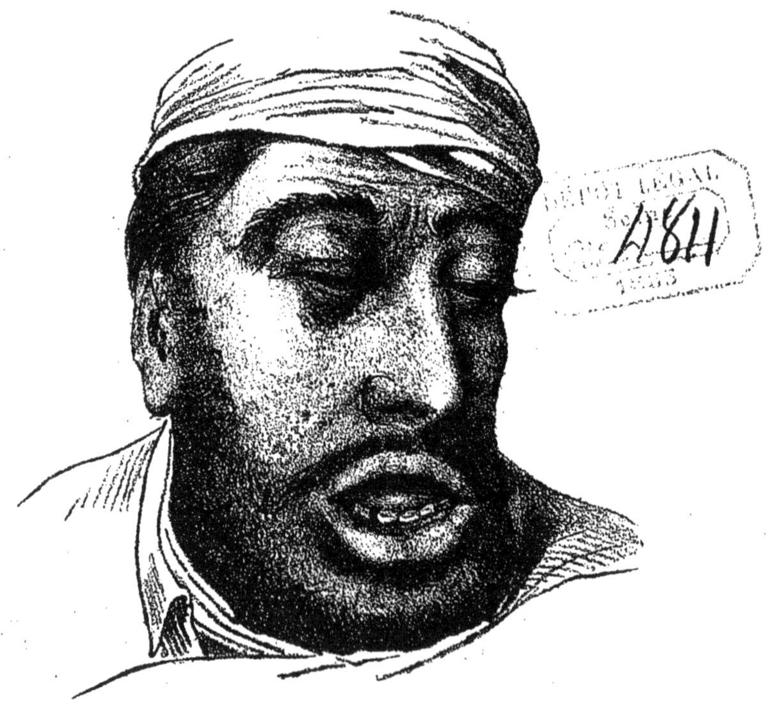

Fig. 1. — D. A., 37 ans. Aspect de la face

grande lumière sur ce sujet. Le premier fait publié en France nous
appartient; c'est en effet le 7 février 1877 que nous avons communiqué
à

à la Société médicale de Reims une observation qui a été relatée en détail dans les comptes rendus de cette même année.

En présentant ce fait extraordinaire, nous étions certain de nous trouver en face, sinon d'une maladie nouvelle, au moins d'une maladie non décrite. Frappé par la multiplicité des organes atteints, par leur altération progressive conduisant fatalement à la mort, attachant une grande importance à cette hypertrophie particulière qui frappait le tissu cellulaire sous-cutané et le tissu cellulaire interstitiel, nous avions provisoirement donné à cette maladie le nom d'hypertrophie générale progressive. Nous voulions indiquer par cette terminologie, et la constatation d'un fait anatomique, l'altération générale des tissus, et le fait clinique le plus important, la marche continue, fatale, de la maladie. Le nom de « cachexie pachydermique » donné par le professeur Charcot ne nous semble pas excellent ; car si l'un des phénomènes les plus visibles, l'hypertrophie des pieds, sert de base à la définition, il en laisse beaucoup d'autres tout aussi importants dans l'oubli; la cachexie est bien l'aboutissant de la maladie dont la marche est progressive, mais celle-ci peut être reconnue à l'aide de signes positifs, bien avant le moment où le malade devient cachectique; l'introduction de ce terme dans la définition jetterait une certaine confusion dans l'esprit de l'observateur, car de même qu'un tuberculeux peut rester dix ans tuberculeux sans devenir phtisique, de même un individu atteint de l'hypertrophie que nous décrivons peut vivre des années sans être cachectique.

La dénomination de myxœdème, proposée par Ord, a l'avantage de donner une idée plus complète de la maladie; elle vous met en présence d'un processus particulier, essentiellement général, siégeant dans le tissu conjonctif, et pouvant se développer partout où ce tissu existe.

Si la partie clinique de la maladie est déjà bien connue, il n'en est pas de même de l'anatomo-pathologie, qui est tout à faire. D'après le résumé tout récent de Ridel-Saillard, les résultats de trois autopsies ont seuls été publiés.

L'observation de notre malade, présentant les caractères typiques du myxœdème, ayant été publiée tout au long, nous ne relaterons ici que les lésions anatomiques.

« PEAU. — Partout elle est saine; elle n'est nulle part adhérente aux tissus sous-jacents; celle qui recouvre les parties hypertrophiées ne présente rien de spécial.

» Les veines, les vaisseaux et les ganglions lymphatiques, excepté ceux du col, sont sains.

» POUMONS. — Sains, bien développés, un peu de congestion aux bases.

» CŒUR. — Le cœur est très petit, il a subi un degré d'atrophie considérable, il ne présente guère que les 2/3 du volume de mon poing, et celui-ci ne représente pas la moitié du poing de notre sujet.

» Pas de sérosité péricardique, quelques plaques laiteuses sur le péricarde, particulièrement le long de l'aorte et de l'artère pulmonaire.

» Les parois du ventricule droit sont très amincies, celles du ventricule gauche sont peu épaisses; le muscle n'a pas subi de dégénérescence.

» Il y a un caillot fibrineux dans le cœur droit.

» Le foie est volumineux, mou, flasque; il ne présente rien de spécial à la coupe.

» La rate a au moins le triple de son volume; la consistance est normale, on trouve dans son épaisseur une petite tumeur du volume d'une noisette, d'une dureté pierreuse.

» Le pancréas, l'estomac et les intestins sont sains.

» Les reins sont volumineux.

» Le corps thyroïde est très développé; il a 4 ou 5 fois le volume normal.

» La langue est hypertrophiée, les papilles gustatives sont très saillantes; elles sont manifestement hypertrophiées.

» Les glandes sous-maxillaires sont perdues dans d'immenses masses ganglionnaires qui ont renversé le bord libre du maxillaire inférieur, à ce point que la face antérieure de cet os est devenue presque horizontale; l'os a un aspect tout particulier; ses déformations symétriques pourraient faire croire qu'il provient plutôt d'un singe géant, que d'un homme.

» Les glandes parotides sont saines; il ne nous a pas été possible de retrouver les glandes sous-maxillaires.

» Les tumeurs sous-maxillaires et péri-parotidiennes sont constituées par des amas ganglionnaires appliqués les uns contre les autres; elles sont formées par un tissu homogène, dur, très cohérent et n'ayant aucune tendance à subir la dégénérescence graisseuse, caséeuse ou tuberculeuse.

» La plupart des nerfs, le pneumogastrique, le glosso-pharyngien, le plexus brachial ont subi une notable augmentation de volume.

» Nous devons fixer notre attention d'une façon toute particulière sur le cerveau, le nerf grand sympathique, le système osseux et la moelle.

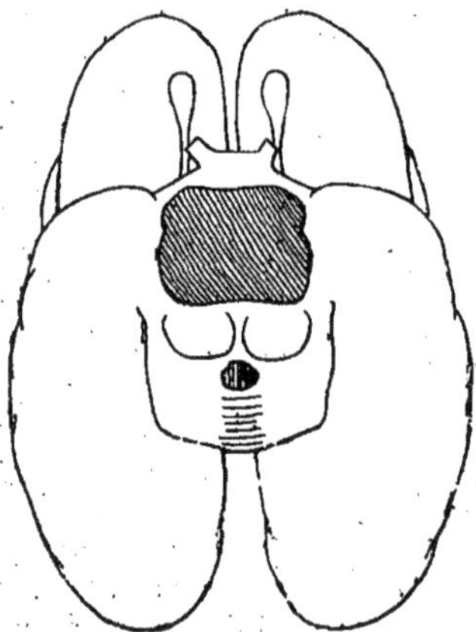

Fig. 2. — Face inférieure du cerveau.
Hypertrophie du corps pituitaire (42 millimètres dans le diamètre transversal, 30 millimètres dans le diamètre antéro-postérieur), la bandelette des nerfs optiques a 20 millimètres de largeur, et à peine un millimètre d'épaisseur.
La glande pinéale a plus du double de son volume normal.

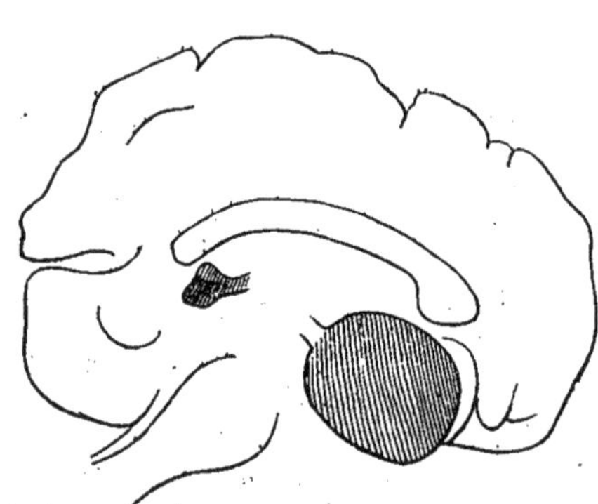

Fig. 3. — Coupe antéro-postérieure du cerveau.
Le corps pituitaire a les dimensions suivantes : diamètre antéro-postérieur, 35 millimètres ; diamètre vertical, 25 millimètres ; glande pinéale, diamètre antéro-postérieur, 9 millimètres.

» ENCÉPHALE. — Les parois du crâne ne sont ni épaissies, ni déformées; la

base est normale dans toute son étendue, excepté au niveau de la selle turcique; là, nous trouvons des modifications considérables; la lame quadrilatère
du sphénoïde et les apophyses clinoïdes postérieures sont très élargies; elles
présentent beaucoup moins d'épaisseur que dans l'état ordinaire, elles sont
complètement déjetées en arrière de façon à agrandir la fosse pituitaire; celle-
ci, en effet, au lieu de pouvoir contenir une noisette, a pris des dimensions
telles, qu'elle peut loger un petit œuf de poule.

» La paroi antérieure de la fosse, au lieu de présenter une saillie, est forte-
ment excavée. Quoique amincie, la lame quadrilatère est encore assez solide
pour résister au scalpel.

» En enlevant le cerveau, M. Leroy, mon interne, éprouve une certaine difficulté à détacher le corps pituitaire; malgré les précautions qu'il prend,
l'adhérence est telle qu'il coupe la partie la plus saillante de l'hypophyse; il
s'écoule quelques gouttes d'un liquide noirâtre, légèrement visqueux.

» Le cerveau, examiné par sa face supérieure, ne présente rien de particulier; l'hémisphère gauche est peut-être un peu plus volumineux que le droit,
mais la différence n'est pas assez sensible pour qu'on puisse rien affirmer à
cet égard.

» A la base, on constate sur la ligne médiane, aux lieu et place du corps
pituitaire, une tumeur ovoïde du volume d'un petit œuf de poule; le diamètre
transversal le plus grand mesure 42 millimètres, le diamètre longitudinal
mesure 30 millimètres. Elle est limitée par les organes suivants: en avant le
chiasma des nerfs optiques qui est complètement aplati, et forme une large
bandelette rubanée ayant plus d'un centimètre et demi de largeur; son épaisseur est réduite à un ou deux millimètres; elle forme une vaste concavité en
rapport de configuration avec la tumeur. Sur les côtés, les lobes sphénoïdaux
du cerveau se sont excavés; en arrière, elle repose sur les pédoncules céré-
braux.

» Quoique régulière dans son ensemble, elle présente en avant et à gauche
une petite saillie arrondie qui semble surajoutée. C'est dans ce point que la
section a laissé une partie de la tumeur adhérente à la selle turcique.

» La consistance est demi-molle; à la coupe on constate une partie antérieure, et une postérieure ne présentant pas le même aspect.

» En la soulevant avec précaution, on voit ses connexions intimes avec la
base du cerveau; elle se continue directement par l'infundibulum jusqu'au
tuber-cinereum qu'on tiraille lorsqu'on exerce sur elle une légère traction.
L'infundibulum est résistant; il est beaucoup plus développé que dans l'état
normal. La glande pinéale a au moins le double de son volume ordinaire.

» Le cerveau, le cervelet, l'isthme de l'encéphale, la moelle ne présentent
extérieurement rien d'anormal; ils sont placés dans de l'alcool pour être exa-
minés ultérieurement.

» NERF GRAND SYMPATHIQUE. — Le sujet étant réclamé, il ne nous a pas été
possible de pousser l'examen aussi loin que nous l'aurions désiré; après avoir
enlevé le maxillaire inférieur et les paquets ganglionnaires, nous avons
disséqué et examiné sur place le grand sympathique, puis nous l'avons, non
sans peine, détaché en coupant toutes ses communications avec la moelle;
nous l'avons étendu sur une planche et nous en avons fait le dessin réduit
joint à ce travail (fig. 4); les rapports de chaque organe ont été scrupuleusement
respectés.

» Ce qui frappe tout d'abord, c'est une hypertrophie considérable de tous les ganglions et de tous les nerfs qui constituent le sympathique. Nous allons successivement décrire les portions cervicale, dorsale et abdominale.

» *Portion cervicale.* — Le ganglion cervical supérieur gauche est très volumineux ; il a conservé sa forme et mesure 45 millimètres de longueur sur 15 millimètres de largeur.

» Le filet carotidien a trois ou quatre fois le volume normal ; nous regrettons bien vivement de ne pouvoir le suivre jusque dans le sinus caverneux ; mais la destruction qu'il aurait fallu faire n'aurait plus permis le rétablissement du cadavre. En avant, nous trouvons trois grosses anastomoses avec le pneumogastrique ; en arrière, trois gros filets vont se jeter dans l'anse formée par la première et la deuxième paires cervicales ; de l'extrémité inférieure partent plusieurs rameaux : le plus volumineux aboutit au ganglion moyen qui est placé très bas, immédiatement au-dessus du ganglion cervical inférieur ; ce dernier, étalé transversalement, mesure 15 millimètres de largeur sur 40 millimètres de longueur.

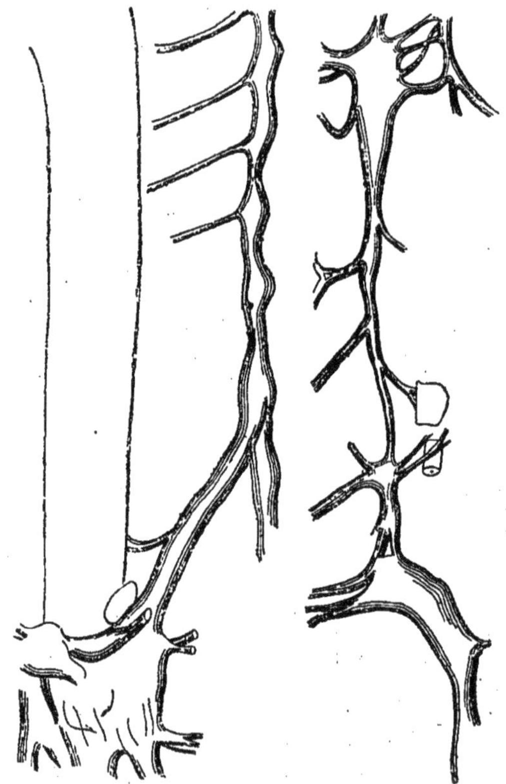

Fig. 4. — Hypertrophie des ganglions et des cordons du grand sympathique du côté gauche, ainsi que des ganglions semi-lunaires et du plexus solaire.

» *Portion dorsale.* — Le grand sympathique, dans toute cette région, forme un cordon présentant au niveau des ganglions de légers renflements ; il mesure 5 millimètres de largeur dans certains points, 6 millimètres dans d'autres. En avant, on suit parfaitement les branches qui se rendent à l'aorte.

» Vers la partie inférieure, il se partage en deux branches qui ont elles-mêmes la même importance que le tronc, 6 millimètres ; le grand splanchnique est la continuation du sympathique. Ces cordons sont plus volumineux que le pneumogastrique dans la région cervicale. Au lieu de trouver une succession de ganglions réunis par des filets nerveux plus ou moins importants, nous ne trouvons qu'un gros tronc nerveux, irrégulièrement bosselé.

» *Portion abdominale.* — Le grand nerf splanchnique gauche, après avoir traversé les piliers du diaphragme, vient se jeter à l'angle supérieur gauche du ganglion semi-lunaire ; il se continue à plein canal à sa sortie du ganglion avec une branche volumineuse du pneumogastrique droit.

» Le ganglion semi-lunaire et le plexus solaire mesurent 45 millimètres de largeur sur 30 millimètres de hauteur ; ils ne donnent aucune branche par leur bord supérieur concave, mais par leur bord inférieur convexe, ils fournissent de nombreux rameaux qui suivent les artères mésentérique supérieure, coronaire stomachique, splénique, etc.

» Le grand sympathique du côté droit, quoique n'ayant pas été disséqué avec le même soin, est aussi hypertrophié que celui du côté gauche dans toutes les parties que nous examinons.

» ALTÉRATIONS OSSEUSES. — Sur le maxillaire inférieur, l'os hyoïde, le tibia, le péroné, le cubitus, le radius, en un mot sur tous les fragments d'os qui ont été conservés, nous trouvons des ostéophytes très développés ; sur le

Fig. 5. — Extrémité inférieure du tibia chargé d'ostéophytes.

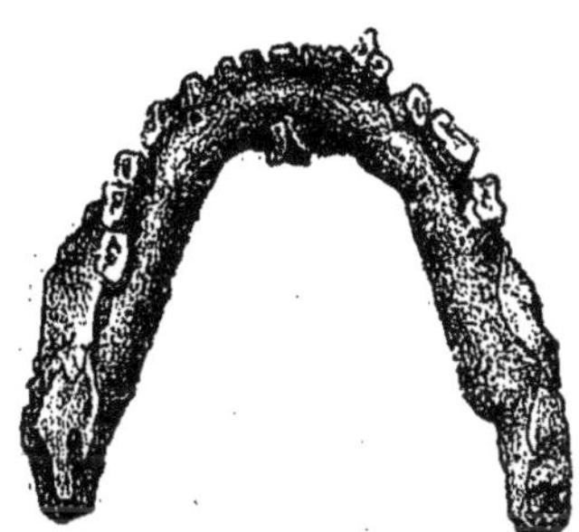

Fig. 6. — Maxillaire inférieur complètement déformé. — Hypertrophie des apophyses géni, plaques d'ostéite raréfiante.

maxillaire inférieur, que nous pouvons prendre comme exemple, les apophyses géni forment des saillies volumineuses de la grosseur d'un haricot ; sur l'os hyoïde, les tubercules qui donnent insertion à des muscles et qui, habituellement, sont à peine marqués, forment des sailies très manifestes ; sur l'extrémité inférieure du tibia dans les points d'insertion des ligaments, nous constatons également des saillies osseuses, des bosselures qui donnent à l'os un aspect tout particulier.

Dans d'autres points, sur la face externe de la branche montante du maxillaire inférieur, on trouve des surfaces irrégulièrement circonscrites d'un aspect blanc, très dures, éburnées et parsemées d'une myriade de petits trous visibles à l'œil nu.

Il est regrettable que sur ce sujet réclamé, nous n'ayons pu examiner tout le système osseux : nous aurions probablement trouvé des altérations semblables sur d'autres os.

L'hypertrophie des mains et des pieds ne porte pas seulement sur les parties molles ; elle atteint aussi les os ; nous avons fait sur la main et le pied conservés, une coupe longitudinale qui permet de ne conserver aucun doute à cet égard ; la même coupe répétée sur une main et un pied d'un homme de haute stature nous a permis de constater que l'augmentation de volume était générale ; ainsi par exemple le calcanéum mesure au moins 1 centimètre 1/2 de plus chez notre myxœdémateux que chez l'autre sujet.

Ces ostéophytes qui se sont développés partout où existe normalement une saillie, sont plus marqués aux membres inférieurs qu'aux membres supérieurs ; nous ne trouvons d'altération ni dans le canal médullaire, ni dans le tissu spongieux.

Les cartilages du larynx (thyroïde, cricoïde, arythénoïde) sont ossifiés ; les saillies qu'ils présentent sont beaucoup plus indiquées que dans l'état normal.

Moelle. — La moelle épinière qui a macéré dans une solution d'acide chromique, présente des altérations bien curieuses ; extérieurement, la dure-mère spinale a son aspect normal ; après l'avoir incisée longitudinalement, nous trouvons sur toute la surface de la moelle, aussi bien du côté de la face antérieure que du côté de la face postérieure, une succession de plaques écailleuses qui donnent à cet organe l'aspect d'une couleuvre ; ces plaques irrégulières, de forme rectangulaire à côtés sinueux, sont d'un blanc nacré ; elles sont dures, résistantes

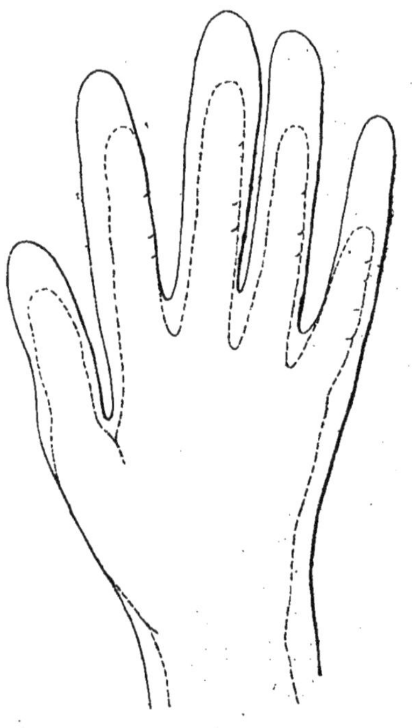

Fig. 7. — Croquis de la main de Delaunay et de la main d'un adulte de 1 mètre 85.

et forment une cuirasse ininterrompue qui enserre la moelle. Le tissu propre de cet organe n'a pas été examiné au microscope, il semble atrophié. Les parties de l'encéphale qui ont macéré dans le liquide de Muller, ne présentent rien de particulier.

L'examen histologique que nous avons fait à Reims en attendant celui plus complet qui doit être fait au Collège de France, nous a permis de constater un développement considérable de la trame conjonctive des ganglions sous-maxillaires, de grosses cellules lymphatiques et du tissu adénoïde de His ; le corps pituitaire (partie postérieure) contient de grosses cellules ovalaires à un ou plusieurs noyaux, plus visibles dans la glycérine et la solution de carmin, que dans l'iode, la fuchsine et l'acide acétique.

La partie antérieure du corps pituitaire laisse écouler un liquide visqueux, filant, très gluant, d'un brun noirâtre.

Les plexus choroïdes renferment de petits caillots. L'hypertrophie du ganglion cervical supérieur du grand sympathique porte plus sur la gangue celluleuse que sur les éléments nerveux.

On peut faire le tableau suivant du myxœdème :

1° *Œdème mucoïde de la peau.* — Peau tendue, dure, épaisse, ne pouvant être ni déprimée, ni pincée. — Desquammation lamellaire. — Aspect de la cire. — Chute des poils. — Abolition des sécrétions, sébacée et sudoripare, masque immobile de la face.

2° *Œdème mucoïde des muqueuses.* — Boursouflement des paupières, lèvres élargies, renversées, cyanosées, ne retenant pas la salive. — Narines épaisses. — Langue hypertrophiée, sortant en dehors de la bouche. — Gencives tuméfiées.

3° *Hypertrophies* des membres supérieurs, surtout des mains qui deviennent cylindriques et prennent la forme d'une bêche. — Des membres inférieurs, pieds d'éléphant. — De la mâchoire et du tissu propre de la langue. — Du corps thyroïde. — Des ganglions lymphatiques sous-maxillaires. — De la rate, des reins. — Des os chargés d'ostéophytes. — Du corps pituitaire. — De la glande pinéale. — Des cordons du grand sympathique (ganglions et nerfs), des nerfs de la partie supérieure du corps (pneumogastriques).

4° *Atrophie du cœur*, des vaisseaux et du système musculaire de la vie de relation. — Difficulté et impossibilité de la marche, mouvements lents et difficiles des membres. — Flexion de la tête sur la poitrine par parésie des extenseurs.

5° *Diminution* de l'intelligence (idiotie), affaiblissement progressif arrivant à la vie bestiale et des sens de la vue, de l'ouïe, du goût et de l'odorat.

6° Enfin *Anémie* profonde sans leucocythémie avec abaissement de la température.

Nous ne rechercherons pas les relations qui existent entre les symptômes et les altérations anatomiques du myxœdème ; disons seulement que le caractère dominant de la maladie, consiste dans la cessation de la prépondérance des fonctions de la vie animale sur les fonctions de la vie végétative.

Au milieu de ces altérations frappant pour ainsi dire tous les tissus, quelle est la lésion primitive ? Y a-t-il possibilité d'établir entre elles une subordination organique ? Bien certainement, l'œdème mucoïde du tissu cellulaire, du tissu sous-muqueux et du tissu général interstitiel, ne constitue pas la lésion primitive ; l'œdème simple reconnaît pour cause une altération primitive du sang, des reins, du foie ; le myxœdème doit reconnaître aussi une cause générale. Les altérations musculaires et osseuses ne sauraient non plus exercer une action aussi considérable sur les autres tissus.

C'est, selon nous, dans le système nerveux qu'il faut rechercher la cause première des modifications imprimées aux autres organes ; dans le fait que nous publions, la moelle épinière, ou au moins ses enveloppes, le grand sympathique et la partie végétative du cerveau, le corps pituitaire et la glande pinéale étaient gravement atteints.

Nous sommes porté à faire jouer, dans cette circonstance, le rôle prépondérant aux deux organes que nous venons de nommer; il nous reste maintenant sinon à en donner la démonstration, ce qui à notre avis serait prématuré, au moins à indiquer les raisons qui militent en faveur de notre manière de voir.

Il résulte d'une étude d'Owen sur le corps pituitaire et la glande pinéale que ces organes sont très développés chez l'embryon, où il y a une production abondante de tissu mucoïde et qu'ils conservent un volume et une importance considérables chez les espèces animales à tissus mous comme chez les poissons et les batraciens. Il semble donc résulter du travail de l'auteur anglais, qu'il existe une relation physiologique entre le développement de l'appareil conario-hypophysaire et la production de la matière mucoïde.

En résumé, faisant application au fait que nous avons observé de ces données physiologiques, nous croyons pouvoir tirer de cette étude encore très incomplète les conclusions suivantes :

1° Il existe une relation directe entre l'hypertrophie du grand sympathique et l'hypertrophie du corps pituitaire et de la glande pinéale; notre observation semble donner une preuve pathologique de l'anastomose supérieure dans l'hypophyse des deux cordons latéraux du grand sympathique;

2° Ces deux organes qui constituent l'appareil conorio-hypophysaire sont très développés chez l'embryon qui fabrique une grande quantité de gélatine de Wharton, et chez les animaux adultes, poissons et batraciens, qui contiennent beaucoup de mucine;

3° Il est logique d'admettre que sous l'influence d'une hypertrophie considérable de ces organes, la fonction, c'est-à-dire la production de cette matière amorphe qu'on appelle la mucine, se fait avec excès et détermine l'infiltration mucoïde des organes ;

4° La maladie décrite sous le nom de myxœdème semble essentiellement constituée par un retour à l'état embryonnaire du tissu conjonctif souscutané, sous-muqueux et interstitiel général, sous l'influence de l'hypertrophie des centres végétatifs et particulièrement des ganglions du grand sympathique et des glandes vasculo-sanguines qui y sont annexées : le corps pituitaire et la glande pinéale.

DISCUSSION

M. FRANÇOIS-FRANCK, au sujet des lésions du sympathique, rappelle les idées, assez généralement adoptées, qui sont exposées dans la thèse du doctorat ès sciences de M. Bazin. — Il demande si M. Henrot a constaté chez son malade des troubles viscéraux.

M. Henrot n'a pas constaté d'altérations ; il a été très frappé, à l'autopsie, de l'atrophie du cœur et des vaisseaux.

M. Giraudeau a vu dans le service de M. Charcot un myxœdémateux chez lequel il existait des troubles pulmonaires, nuls au repos, mais rapidement provoqués par les mouvements.

ASSOCIATION FRANÇAISE

POUR L'AVANCEMENT DES SCIENCES

EXTRAIT DES STATUTS ET RÈGLEMENT

STATUTS.

Art. 4. — L'Association se compose de membres fondateurs et de membres ordinaires; les uns et les autres sont admis, sur leur demande, par le Conseil.

Art. 6. — Sont membres fondateurs les personnes qui auront souscrit, à une époque quelconque, une ou plusieurs parts du capital social : ces parts sont de 500 francs.

Art. 7. — Tous les membres jouissent des mêmes droits. Toutefois, les noms des membres fondateurs figurent perpétuellement en tête des listes alphabétiques, et les membres reçoivent gratuitement, pendant toute leur vie, autant d'exemplaires des publications de l'Association qu'ils ont souscrit de parts du capital social.

RÈGLEMENT.

Art. 1er. — Le taux de la cotisation annuelle des membres non fondateurs est fixé à 20 francs.

Art. 2. — Tout membre a le droit de racheter ses cotisations à venir en versant, une fois pour toutes, la somme de 200 francs. Il devient ainsi membre à vie.

Les membres ayant racheté leurs cotisations pourront devenir membres fondateurs en versant une somme complémentaire de 300 francs. Il sera loisible de racheter les cotisations par deux versements annuels consécutifs de 100 francs.

La liste alphabétique des membres à vie est publiée en tête de chaque volume, immédiatement après la liste des membres fondateurs.

Les souscriptions sont reçues

Au Secrétariat, 4, rue Antoine-Dubois (Place de l'École-de-Médecine).

Les souscriptions des membres fondateurs peuvent être versées en une seule fois, ou en deux versements de chacun 250 francs.

PARIS. — IMPRIMERIE CHAIX. Succ. de Saint-Ouen. 86, rue des Rosiers. — 3032-3